MW01519615

Caminos de plenitud

1

El corazón humano

Creyentes o ateos; no importa ello.
Para ambos el jesuita y psicoterapeuta
A. de Mello es bueno y es vital.
Él no busca adeptos; no busca
seguidores. Sólo anhela (no impone)
que lo escuchemos. Para mi her-
mano Alipio, con mi aprecio y
gratitud.
abril
2013

Editorial LUMEN
Viamonte 1674
1055 Buenos Aires
☎ 4373-1414 (líneas rotativas) Fax (54-11) 4375-0453
E-mail: magisterio@commet.com.ar
República Argentina

Proyecto y dirección: Basilio Makar de la Puente
Diseño de tapa e interiores: Lorenzo Ficarelli

Los textos de este libro han sido extraídos
de las siguientes obras de Anthony de Mello:

Autoliberación interior
Caminar sobre las aguas
Práctica de la oración
Rompe el ídolo
Redescubrir la vida

ISBN: 950-724-643-6

© 1997
Editorial LUMEN
Viamonte 1674 - 1055 Buenos Aires
Hecho el depósito que previene la ley 11.723
Todos los derechos reservados

LIBRO DE EDICIÓN ARGENTINA
PRINTED AND MADE IN ARGENTINA

Presentación del editor

Hay autores que han dedicado su vida a difundir una idea, una filosofía o un enfoque espiritual y cuya figura crece al concluir su existencia terrenal. Su mensaje, transmitido en forma oral o escrita, se multiplica por efecto del interés y la atracción que ejerce sobre la gente. Tal es lo que sucede con Anthony de Mello. De él continúan difundiéndose nuevos textos inéditos y conferencias grabadas, así como recuerdos y testimonios de discípulos y amigos. Pero, sobre todo, se interpreta, analiza y profundiza todo lo que dijo. Para Anthony de Mello ha llegado el tiempo de la exégesis.

Leerlo no es tarea sencilla sino múltiple y comprometida, fascinante por los laberintos que se deben recorrer. El lector se enfrenta con el reto de descubrir sus enseñanzas, estructurándolas e integrándolas, por cuanto Anthony de Mello las prodiga como quien arroja semillas, para que germinen aquellas que caen en terreno fértil. Al estructurarlas y ordenarlas el lector las redescubre, las ve bajo una nueva luz, que es la propia. Éste es el desafío: que sirvan de estímulo para cambiar interiormente, para elevarse espiritualmente, para despertar a la verdadera vida.

Cuando una editorial se plantea hacer conocer la obra de un autor como Anthony de Mello, asume una gran responsabilidad: difundir su mensaje y al mismo tiempo divulgar sus enseñanzas, al punto de que sus lectores no sólo las conozcan sino que las incorporen y aprendan. El objetivo editorial debe consistir en apuntalar lo que el lector ya conoce desde otra perspectiva, en ayudarlo a reflexionar sobre el texto, en estimular su pensamiento crítico, en tejer "redes" dentro de la obra.

En virtud de lo expuesto, y en homenaje a Anthony de Mello (4 de septiembre de 1931 - 2 de junio de 1987), Editorial Lumen presenta la colección **Caminos de plenitud**. Se trata de la *primera antología ordenada* del padre De Mello, en la que se han reunido textos e historias tomados de sus obras *Autoliberación interior*, *Caminar sobre las aguas*, *Rompe el ídolo*, *Práctica de la oración* y *Redescubrir la vida*.

Tú eres
el ser

La nueva vida se inicia con la aceptación y el amor,
y con la confianza en tus sentidos,
todos ellos, en todos los aspectos.
¿Estás listo?

¿Quién soy?

El "ego" es una creación de la mente.

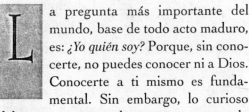a pregunta más importante del mundo, base de todo acto maduro, es: *¿Yo quién soy?* Porque, sin conocerte, no puedes conocer ni a Dios. Conocerte a ti mismo es fundamental. Sin embargo, lo curioso del caso es que no hay respuesta para la pregunta "¿quién soy yo?", porque lo que tienes que averiguar es *lo que no eres*, para llegar al *ser que ya eres*.

Hay un proverbio chino que dice: *"Cuando el ojo no está bloqueado, el resultado es la visión. Cuando la mente no está bloqueada, el resultado es la sabiduría, y cuando el espíritu no está bloqueado, el resultado es el amor."*

Para ver, hay que quitarse las vendas. Si no ves, no puedes descubrir los impedimentos que no te están dejando ver.

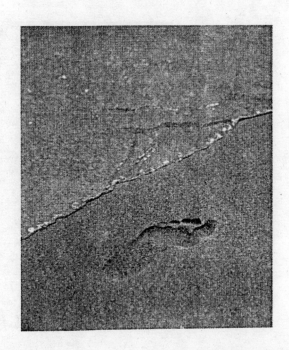

Quema tu "ego"

*Eres libre.
Puedes amar.
Restauraste tu
espiritualidad y
tu humanidad.*

E l discípulo: *Vengo a ofrecerte mis servicios.*

El maestro: *Si renuncias a tu "yo", el servicio brotará automáticamente.*

Puedes entregar todos tus bienes para ayudar a los pobres, y entregar tu cuerpo a la hoguera, y no tener amor en absoluto.

Guarda tus bienes y renuncia a tu "yo". No quemes tu cuerpo: quema tu "ego". Y el amor brotará automáticamente.

El "ego" cristiano

No te
identifiques
con cosas,
ideas, palabras
o rótulos,
contigo,
con tu "yo".

*na vez visitó un cristiano a un maestro zen y le dijo: "Permíteme que te lea algunas frases del Sermón de la Montaña." "Las escucharé con sumo gusto", replicó el maestro.*

El cristiano leyó unas cuantas frases y se quedó mirándolo. El maestro sonrió y dijo: "Quienquiera que fuese el que dijo esas palabras, ciertamente fue un hombre iluminado."

Esto agradó al cristiano, que siguió leyendo. El maestro lo interrumpió y le dijo: "Al hombre que pronunció esas palabras podría realmente llamárselo Salvador de la humanidad."

El cristiano estaba entusiasmado y siguió leyendo hasta el final. Entonces dijo el maestro: "Ese sermón fue pronunciado por un hombre que irradiaba divinidad."

La alegría del cristiano no tenía límites. Se marchó decidido a regresar otra vez y convencer al maestro zen de que debería hacerse cristiano.

De regreso a su casa, se encontró con Cristo, que estaba sentado junto al camino. "¡Señor", le dijo entusiasmado, "he conseguido que aquel hombre confiese que eres divino!"

Jesús se sonrió y dijo: "¿Y qué has conseguido sino hacer que se hinche tu 'ego' cristiano?"

Abandona tu "nada"

No abandones tus posesiones. Abandona tu "ego".

Pensaba él que era de vital importancia ser pobre y austero. Jamás había caído en la cuenta de que lo vitalmente importante era renunciar a su "ego"; que el "ego" engorda tanto con lo santo como con lo mundano, con la pobreza como con la riqueza, con la austeridad como con el lujo. No hay nada de lo que no se sirva el "ego" para hincharse.

El discípulo: *Vengo a ti con nada en las manos.*

El maestro: *Entonces suéltalo en seguida.*

El discípulo: *Pero ¿cómo voy a soltarlo si es nada?*

El maestro: *Entonces llévatelo contigo.*

De tu "nada" puedes hacer una auténtica posesión.

Y llevar contigo tu renuncia como un trofeo.

Desidentificarse

Quien dices que soy no es el que soy. Ni siquiera yo puedo expresar en palabras quién soy. Si no existe el "ego", no hay mal.

Santa Teresa dijo que Dios le concedió el don de desidentificarse de sí misma y poder ver las cosas desde fuera. Éste es un gran don, pues el único obstáculo y raíz de todo problema es el yo. Desidentificarse significa ser afectados por lo que está ocurriendo —vivirlo como si le ocurriese a otro—, pues en cuanto metemos nuestro yo en cualquier persona, situación o cosa, preparémonos para sufrir. Vivir desidentificados es vivir sin apegos, olvidados del "ego", que es el que genera egoísmo, deseo y celos, y por el cual entran todos los conflictos.

• Relata alguna experiencia en la que te hayan elogiado. ¿Cómo reaccionaste?

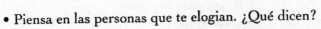

• Piensa en las personas que te elogian. ¿Qué dicen?

Reflexiona:
"Esos elogios no son mi yo;
pertenecen a mi yo."

De paso...

Cuando alguien
comienza
a vivir más
y más
profundamente,
vive también
más
sencillamente.

E n el siglo pasado, un turista de los
Estados Unidos visitó al famoso
rabino polaco Hofetz Chaim.

Y se quedó asombrado al ver que
la casa del rabino consistía
sencillamente en una habitación
atestada de libros.
El único mobiliario lo constituían
una mesa y una banqueta.

"Rabino, ¿dónde están tus muebles?",
preguntó el turista.

"¿Dónde están los tuyos?",
replicó Hofetz.

"¿Los míos? Pero si yo sólo soy un
visitante... Estoy aquí de paso...",
dijo el americano.

"Lo mismo que yo", dijo el rabino.

16

Eres el ser

El *yo*, ¿quién es? ¿Soy un cuerpo? No, porque las células de mi cuerpo son renovadas continuamente y, en siete años, no queda ni una de las anteriores y, sin embargo, sigo siendo el mismo. Yo no soy mi cuerpo, pero tampoco soy mis pensamientos, pues ellos cambian continuamente y yo no. Ni tampoco soy mis actitudes, ni mi forma de expresarme, ni de andar. Yo no puedo identificarme con lo cambiable, que abarca las formas de mi yo, pero no es mi yo.

Tú eres el ser, lo que *es*. El cielo *es*, no cambia; las nubes sí. Lo único que puedes buscar es lo que no eres, pues en cuanto puedes objetivarlo ya no lo eres, sino que es una forma, una expresión de lo que realmente eres. Puedes buscar lo que no eres y, al ir apartando tus formas y añadiduras, te irás liberando de ideas equivocadas sobre ti y, detrás de todo esto, irá surgiendo tu ser.

17

Percibir el ser

Si no te conoces a ti mismo, no podrás conocer a nadie. Te moverás como un autómata.

Nuestra inteligencia tiene una parte conceptual y otra no conceptual. ¿Qué es el misticismo?

Ligadura.

La parte no conceptual está confinada de tal modo dentro de la parte conceptual que ésta debe abrirse para percibir la "intuición del ser".

La visión

Es preciso mantenerse abiertos, receptivos y siempre listos para cuestionar, para pensar ·por sí mismos.

Tienes dos maneras de ver, de observar. Una manera es intelectual, teórica, sin profundizar. La otra manera de ver es existencial, mirando desde tu propia vida, desde tu ser. San Pablo dice: "Veo lo que debo hacer y hago lo que no quiero." Al decir esto se refiere al ver intelectual, que a nada compromete porque no es un ver revelador. Cuando lo ves desde lo existencial, lo ves desde la libertad que te da la verdad, y entonces lo ves tal cual es y esa revelación hace que despiertes a la realidad.

Sin palabras

El zorro dijo al Principito algo maravilloso: "Sólo con el corazón se ve correctamente. Lo esencial es invisible a los ojos." Entonces, es necesario oír con el corazón, ver con el corazón.

Mira todo lo que alcance tu vista sin poner ningún nombre. Pasa más allá del concepto y ve la realidad que hay detrás de cada cosa, sin fragmentación, englobando, tratando de descubrir la unidad. No podrás explicarlo con palabras. No existen las etiquetas para la realidad. Por eso, al místico no le dan ganas de hablar. ¿Cómo explicaría al mundo que él descubre la sabiduría viviendo metido en la realidad? Sólo te cuenta parábolas, para ver si sacas su esencia.

Eso mismo hacen los poetas. León Felipe dice: "La distancia entre un hombre y la realidad es un cuento." El poeta, por medio de un cuento, te hace captar una realidad sin etiquetas.

El corazón humano

Los chinos tienen un proverbio maravilloso: "En todo el universo no hay nada tan cruel como la naturaleza. No hay cómo escapar de ella. Pero no es la naturaleza la que causa las catástrofes. Es del corazón del hombre de donde viene el sufrimiento."

Cierto día, Dios estaba cansado de las personas.

Ellas estaban siempre molestándolo, pidiéndole cosas.

Entonces dijo: "Voy a ir a esconderme por un tiempo."

Reunió a sus consejeros y preguntó:

"¿Dónde debo esconderme?"

Algunos dijeron: "Escóndase en la cima de la montaña más alta de la Tierra."

Otros: "No, escóndase en el fondo del mar. No van a hallarlo nunca allí."

Otros: "No, escóndase en el otro lado de la Luna; ése es el mejor lugar. ¿Cómo lo hallarían allí?"

Entonces Dios se volvió hacia el más inteligente de sus ángeles y le inquirió: "¿Dónde me aconsejas que me esconda?"

El ángel inteligente, sonriendo, respondió: "¡Escóndase en el corazón humano! ¡Es el único lugar adonde ellos no van nunca!"

¡Bella historia hindú! Sencilla y muy actual.

• Anthony de Mello acota al concluir esta historia: "Sencilla y muy actual." Efectivamente, lo es.

Piensa en alguna experiencia de tu vida cotidiana que se relacione con esta narración. Transcríbela.

• Desarrolla tu fe imaginativa:

Imagina al Señor sentado junto a ti; por ejemplo, mira una silla vacía y piensa que Él está allí.

Háblale en voz baja. Por ejemplo, nárrale los acontecimientos vividos durante el día. Escucha.

Llegar a la verdad

Cuando puedas limpiar el corazón de todos los apegos y aversiones, verás a Dios.

Sólo los místicos son capaces de ser tan libres como para vivir la realidad tal como es.

Lo cierto es que tal libertad asusta, nos impone, porque supone romper con todo o, por lo menos, cuestionarlo todo. Ellos le ponen interrogantes a todo. Más vale la duda que la oración, acordaos. Lo que ocurre es que no tenemos la verdad sino la fórmula.

Hay que pasar por encima de la fórmula para llegar a la verdad.

Tu relación con Dios

Escuchamos toda clase de sermones, estudiamos toda clase de libros y fuimos a toda clase de iglesias, pero nunca escuchamos esa verdad, nunca reconocimos al Mesías.

Mi vida religiosa ha estado enteramente en manos de profesionales. Si yo quiero aprender a orar, acudo a un director espiritual; si deseo descubrir la voluntad de Dios con respecto a mí, acudo a un retiro dirigido por un experto; para entender la Biblia, recurro a un escriturista; para saber si he pecado o no, me dirijo a un moralista; y para que se me perdonen los pecados, tengo que echar mano de un sacerdote.

El rey de unas islas del Pacífico Sur daba un banquete en honor de un distinguido huésped occidental.

Cuando llegó el momento de pronunciar los elogios del huésped, Su Majestad siguió sentado en el suelo mientras un orador profesional, especialmente designado al efecto, se excedía en sus adulaciones.

Tras el elocuente panegírico, el huésped se levantó para decir unas palabras de agradecimiento al rey. Pero Su Majestad lo retuvo suavemente: "No se levante, por favor", le dijo: "Ya he encargado a un orador que hable por usted. En nuestra isla pensamos que el hablar en público no debe estar en manos de aficionados."

Yo me pregunto: ¿no preferiría Dios que yo fuera más "aficionado" en mi relación con Él?

Crisis

Aquí estamos, rastreando la faz de la Tierra, corriendo de un lado al otro en la búsqueda de esa verdad. La tuvimos aquí mismo, en casa, y no la comprendimos.

firmaba aquel hombre que, en la práctica, era ateo. Si realmente pensaba por sí mismo y era honrado, tenía que admitir que no creía de veras las cosas que su religión le enseñaba. La existencia de Dios originaba tantos problemas como los que resolvía; la vida después de la muerte era un espejismo; las escrituras y la tradición habían causado tanto mal como bien. Todas estas cosas habían sido inventadas por el hombre para mitigar la soledad y la desesperación que él observaba en la existencia humana.

Lo mejor era dejarlo en paz. No decirle nada. Tal vez estaba atravesando una crisis de crecimiento y evolución.

Una vez le preguntó el discípulo a su Maestro:
"¿Qué es Buda?"
Y el Maestro le respondió:
"La mente es Buda."
Volvió otro día a hacerle la misma pregunta
y la respuesta fue:
"No hay mente. No hay Buda."
Y el discípulo protestó:
"Pero si el otro día me dijiste:
'La mente es Buda...'"
Replicó el Maestro:
"Eso lo dije para que el niño dejase
de llorar. Pero, cuando el niño ha
dejado de llorar, digo:
'No hay mente. No hay Buda.'"

Tal vez el niño había dejado de llorar y ya estaba preparado para la verdad. De modo que lo mejor era dejarlo solo.

Espiritualidad

*Hay que cortar
la chaqueta
de acuerdo
con las medidas
de la persona,
y no al revés.*

*e preguntaron al Maestro:
"¿Qué es la espiritualidad?"*

*"La espiritualidad", respondió, "es
lo que consigue proporcionar al
hombre su transformación interior."*

*"Pero si yo aplico los métodos tradicionales
que nos han transmitido los maestros,
¿no es eso espiritualidad?"*

*"No será espiritualidad si no
cumple para ti esa función. Una
manta ya no es una manta si
no te da calor."*

"¿De modo que la espiritualidad cambia?"

*"Las personas cambian y también
sus necesidades. De modo que lo que
en otro tiempo fue espiritualidad ya no lo es.
Lo que muchas veces pasa por espiritualidad
no es más que la constancia escrita
de métodos pasados."*

Significado

Ten la esperanza
de que un día
te será dado
ver y reconocer
interiormente.

n cierta ocasión se quejaba un
discípulo a su Maestro:

"Siempre nos cuentas historias,
pero nunca nos revelas su
significado."

El Maestro le replicó:

"¿Te gustaría que alguien te ofreciera fruta
y la masticara antes de dártela?"

Nadie puede descubrir *tu propio* significado en tu lugar. Ni siquiera el Maestro.

¿Has visto realmente?

Dios se manifiesta en la vida; y la vida, si la metemos en conceptos, nos resulta tan misteriosa como Dios.

 l discípulo se quejaba constantemente a su Maestro zen: "No haces más que ocultarme el secreto último del zen." Y se resistía a creer las consiguientes negativas del Maestro.

Un día, el Maestro se lo llevó a pasear con él por el monte. Mientras paseaban, oyeron cantar a un pájaro.

"¿Has oído el canto de ese pájaro?", le preguntó el Maestro.

"Sí", respondió el discípulo.

"Bien; ahora ya sabes que no te he estado ocultando nada."

"Sí", asintió el discípulo.

Si realmente has oído cantar a un pájaro, si realmente has visto un árbol..., deberías *saber* (más allá de las palabras y los conceptos).

¿Qué dices? ¿Que has oído cantar a docenas de pájaros y has visto centenares de árboles? Ya. Pero lo que has visto, ¿era el árbol o su descripción? Cuando miras un árbol y ves un árbol, no has visto realmente el árbol. Cuando miras un árbol y ves un milagro, entonces, por fin, has visto un árbol. ¿Alguna vez tu corazón se ha llenado de muda admiración cuando has oído el canto de un pájaro?

• Describe esa sensación.

La pregunta

*Cuando
se experimenta
lo divino,
se reducen
considerablemente
las ganas
de teorizar.*

reguntaba el monje: "Todas estas
montañas y estos ríos y la tierra y
las estrellas... ¿de dónde vienen?"

Y preguntó el Maestro: "¿Y de dónde
viene tu pregunta?"

¡Busca en tu interior!

Una nota de sabiduría

Las palabras del alumno tienen que ser entendidas. Las del Maestro no tienen que serlo. Tan sólo tienen que ser escuchadas, del mismo modo que uno escucha el viento en los árboles y el rumor del río y el canto del pájaro.

adie supo lo que fue de Kakua después de que éste abandonara la presencia del Emperador. Sencillamente, desapareció. He aquí la historia.

Kakua fue el primer japonés que estudió zen en China. No viajaba en absoluto. Lo único que hacía era meditar asiduamente. Cuando la gente lo encontraba y le pedía que predicara, él decía unas cuantas palabras y se marchaba a otro lugar del bosque, donde resultara más difícil encontrarlo.

Cuando Kakua regresó al Japón, el Emperador oyó hablar de él y le hizo llegar su deseo de que predicara zen ante él y toda su corte. Kakua acudió y se quedó en silencio frente el Emperador. Entonces sacó una flauta de entre los pliegues de su vestido y emitió con ella una breve nota. Después, hizo una profunda inclinación ante el rey y desapareció.

Dice Confucio: "No enseñar a un hombre que está dispuesto a aprender es desaprovechar a un hombre. Enseñar a quien no está dispuesto a aprender es malgastar las palabras."

31

Sé tú mismo

*No imites
a nadie,
ni siquiera
a Jesús. Jesús
no era copia
de nadie.*

e acuerdo de un brillante joven rabino, que sucedió a su brillante padre, también rabino. Las personas le dijeron entonces: "Rabino, usted es totalmente distinto de su padre."

El joven rió: "¡Soy exactamente igual a mi padre! Mi padre no imitaba a nadie y yo no imito a nadie. Él no era una copia con papel carbónico, tampoco yo."

Crecer

"Cuando el padre ayuda a su hijo pequeño, todo el mundo sonríe. Cuando el padre ayuda a su hijo mayor, todo el mundo llora."
No se puede crear una dependencia, ni aun de Dios.

Se cuenta que un árabe fue a visitar a un gran maestro y le dijo:

—Tan grande es la confianza que tengo en Alá que, al venir aquí, no he atado el camello.

Y el gran maestro le contestó:

—¡Ve a atar el camello, necio, que Dios no se ocupa de lo que tú puedes hacer!

Dios es Padre, pero un buen padre que ama en libertad, y quiere y propicia que su hijo crezca en fuerza, sabiduría y amor.

• Escribe lo que esta idea te inspira.

La verdad libera

El ir al templo no te va a cambiar, ni el hacer novenas a los santos. Eres tú el que ha de cambiar. Recuerda que no sirve el decir *¡Señor, Señor!*, sino hacer la voluntad del Padre. Y la voluntad del Padre es que seamos fieles a la verdad, porque sólo la verdad nos hará libres.

Hace falta despertar. El miedo sólo se te quita buscando el origen del miedo. El que se porta bien por miedo es porque ha sido domesticado, pero no ha cambiado el origen de sus problemas: está dormido.

La realidad es ahora

36

Los enemigos de la libertad no están fuera, están dentro. Las cadenas que nos atan están aquí.

Sólo el presente está vivo, y todo lo pasado está muerto, no tiene vigencia. Incluso el futuro no existe. Sólo hay vida en el presente, y vivir en el presente supone dejar los recuerdos, como algo muerto, y vivir a las personas y los acontecimientos como algo nuevo, recién estrenado, abierto a la sorpresa que cada momento te puede descubrir. Es el ahora el que importa, porque ahora es la vida, ahora todo es posible, ahora es la realidad.

La idea que la gente tiene de la eternidad es absurda. Piensa que dura para siempre porque está fuera del tiempo. La vida eterna es ahora, está aquí, y a ti te han confundido hablándote de un futuro que esperas mientras te pierdes la maravilla de la vida que es el ahora. Te pierdes la verdad. El temor al futuro, o la esperanza en el futuro, es igual, son proyecciones del pasado. Sin proyección no hay futuro, pues no existe lo que no entra en la realidad.

Conciencia

El místico es el hombre iluminado, el que todo lo ve con claridad, porque está despierto.

La persona consciente disfruta de todo. Si preguntas por qué, ella responderá: "¿Por qué no?" La persona consciente vive en un mundo del yo (o no yo), donde la soledad y la infelicidad son imposibles, inconcebibles. La persona consciente vive en un mundo de unicidad y variedad, de renovación y del ahora.

Ahora

¿Vives por el Espíritu o por la Ley? Las autoridades quieren hacerte creer que, si no obedeces las leyes durante esta última hora, la habrás desperdiciado. El Espíritu te inspira a creer: "Si disfrutaste esta última hora, la ganaste."

Una familia va a viajar a Suiza por tres días. Pasan meses planeando las vacaciones y, cuando llegan, pierden la mayor parte del tiempo planeando el viaje de regreso. Cuando están en Suiza, en vez de aprovechar aquel escenario deslumbrante, en vez de respirar la atmósfera, se ocupan de sacar fotografías para mostrar a los amigos. Fotografías de lugares en los que nunca estuvieron. Estuvieron físicamente, pero no estaban realmente allá, estaban en otro lugar. ¡Vacaciones irreales, vida irreal! Vivimos en una cultura futura.

La cultura del mañana. "Mañana seré feliz; mañana viviré." "Apenas llegue al colegio, viviré." "Cuando esté en la universidad, viviré." Y al llegar a la universidad, dirá: "Cuando me case, viviré." Después que esté casado: "Bien, cuando los niños crezcan, voy a vivir." Cuando los niños sean grandes, ¡no sabrá qué significa vivir!

Y, muy probablemente, morirá sin haber vivido.

38

- Elabora tres listas:

a) Con las cosas que has hecho en la última hora.

b) Con las cosas que te gustaría haber hecho en la última hora.

c) Con las cosas que piensas hacer en la próxima hora.

- Ahora puedes responder: ¿Vives por el Espíritu o por la Ley?

Vértigo

Muchas experiencias profundas de la vida serán muy útiles para alimentar la oración, si se les dedica el tiempo necesario para volverlas a vivir con más tranquilidad.

Un padre estaba con los hijos en un museo y decía: "¡De prisa, de prisa, porque si se paran a mirar cada cosa, no verán nada!" Eso es lo que hay de terrible en la vida, eso es lo que todos nosotros estamos haciendo. Pasamos toda la vida intentando economizar tiempo, y estamos perdiendo nuestra propia vida. ¿Sabes? Es como Jesús decía: *Ganaste el mundo y perdiste tu alma.*

Despertar

Ya sabes que no hay peor sordo que el que no quiere oír. Si no quieres oír para despertar, seguirás programado, y la gente dormida y programada es la más fácil de controlar.

La gran tragedia de la vida no está en cuánto sufrimos, sino en cuánto perdemos. Los seres humanos nacen durmiendo, viven durmiendo y mueren durmiendo. Tal vez no nazcan durmiendo, nazcan despiertos, pero cuando desarrollan el cerebro, caen en el sueño... Tienen hijos en sueños, suben al gobierno durmiendo, mueren durmiendo. Nunca se despiertan.

De esto trata precisamente la espiritualidad: de *despertar*.

41

El contrato soñado

Cuando quieres
arreglar
las cosas,
metes en ellas
tu yo
endemoniado,
tu apego,
y lo estropeas
todo. Entra solo
en la realidad.
No te apegues,
ni siquiera a la
liberación. Sólo
tienes que ver
las cosas
como son.

 ran las nueve de la mañana y Nasruddin seguía completamente dormido. El sol estaba en todo lo alto, los pájaros gorjeaban en las ramas y el desayuno de Nasruddin se estaba enfriando.

De manera que su mujer lo despertó.

Nasruddin se espabiló furiosísimo: "¿Por qué me despiertas precisamente ahora?", gritó. "¿No podías haber aguardado un poco más?"

"El sol está en todo lo alto", replicó su mujer, "los pájaros gorjean en las ramas y tu desayuno se está enfriando."

"¡Qué mujer más estúpida!", dijo Nasruddin. "¡El desayuno es una bagatela, comparado con el contrato por valor de cien mil piezas de oro que estaba a punto de firmar!" De modo que se dio vuelta y se arrebujó entre las sábanas durante un largo rato, intentando recobrar el sueño y el contrato que su mujer había hecho añicos.

Ahora bien, sucedía que Nasruddin pretendía realizar una estafa en aquel contrato, y la otra parte contratante era un injusto tirano.

Si, al recobrar el sueño, Nasruddin renuncia a su estafa, será un santo.

Si se esfuerza denodadamente por liberar a la gente de la opresión del tirano, será un reformador.

Si, en medio de su sueño, de pronto cae en la cuenta de que está soñando, se convertirá en un hombre despierto y en un místico.

¿De qué vale ser un santo o un reformador si uno está dormido?

Acorralado

Verse representado en una estatua. Imaginar que en una sala oscura se ilumina poco a poco la imagen. **Tomar conciencia** *de cómo uno* **se ve a sí mismo.**

Tú estás sentado en un teatro oyendo un concierto. De repente, te acuerdas de que olvidaste cerrar el coche. Te pones ansioso. No puedes levantarte y cerrar el coche, no puedes concentrarte en la sinfonía, estás acorralado entre dos cosas. ¡Qué imagen tan fascinante de la vida!

• Trata de responder:

¿Cómo salir de eso?

El cambio
está en ti

El hacer esfuerzos por cambiar es contraproducente,
pues lo que te va a cambiar es la verdad:
observar la verdad y comprender
que tu programación no te deja ser tú mismo.

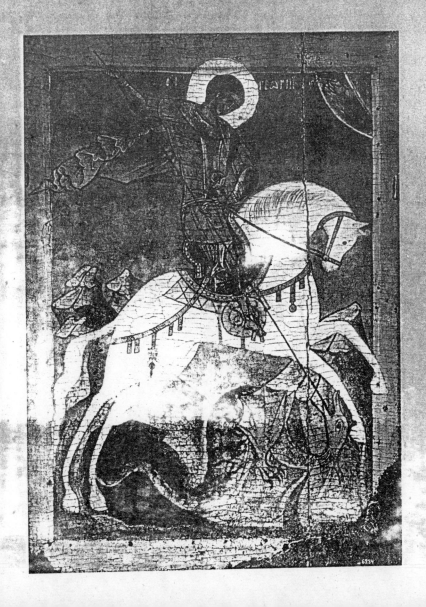

Transformación

¿Cómo empezar? Llamando a las cosas por su nombre. Llamar deseos a los deseos y exigencias a las exigencias, y no disfrazarlas con otros nombres.

Nueva manera de verlo todo. Ésa es la transformación de la cual estamos hablando.

Cuando eso pase, tú cambiarás, tus obras cambiarán y tu vida también. ¡Eso es el fuego! ¿Qué necesitas para ver las cosas de una manera nueva? No es necesaria la fuerza, no es necesario ser útil, no es necesaria la autoconfianza, ni la fuerza de voluntad, ni el esfuerzo. Es necesaria la buena voluntad para pensar en lo que no es habitual, buena voluntad para ver algo nuevo. Y esto es la última cosa que quiere el ser humano. Los hombres no quieren ver nada diferente de lo que siempre han visto.

Por eso, Jesús tuvo tantas dificultades cuando vino con su Buena Nueva. No les gusta la parte buena de la Buena Nueva. No les gusta la parte nueva de la Buena Nueva.

"Dientes de león"

Un hombre que se sentía orgullosísimo del césped de su jardín se encontró un buen día con que en dicho césped crecía una gran cantidad de "dientes de léon". Y aunque trató por todos los medios de librarse de ellos, no pudo impedir que se convirtieran en una auténtica plaga.

Al fin escribió al Ministerio de Agricultura, refiriendo todos los intentos que había hecho, y concluyó la carta preguntando: "¿Qué puedo hacer?"

Al poco tiempo llegó la respuesta: "Le sugerimos que aprenda a amarlos."

También yo tenía un césped del que estaba muy orgulloso, y también sufrí una plaga de "dientes de león" que traté de combatir con todos los medios a mi alcance. De modo que aprender a amarlos no fue nada fácil.

Comencé por hablarles todos los días cordial y amistosamente. Pero ellos sólo respondían con su hosco silencio. Aún les dolía la batalla que había librado contra ellos. Probablemente recelaban de mis motivos.

Pero no tuve que aguardar mucho tiempo para que volvieran a sonreír y recuperaran su sosiego. Incluso respondían ya a lo que yo les decía. Pronto fuimos amigos.

Por supuesto que mi césped quedó arruinado, pero ¡qué delicioso se hizo mi jardín…!

Soledad

Sólo lo que nace y se decide desde adentro es auténtico y te hace libre.

Dijo George Santayana: "El hombre es un animal gregario mucho más en sus pensamientos que en su cuerpo. Puede gustarle salir solo a dar un paseo, pero detesta estar solo en sus opiniones." La primera cosa que la educación debe dar a una persona es la capacidad de estar solo y el coraje de confiar en sus propios ojos, en su mente y su corazón, en sus observaciones, pensamientos y sentimientos.

No cambies

*D*urante años fui un neurótico. Era un ser angustiado, deprimido y egoísta. Y todo el mundo insistía en decirme que cambiara. Y no dejaban de recordarme lo neurótico que yo era.
    Y yo me ofendía, aunque estaba de acuerdo con ellos y deseaba cambiar, pero no acababa de conseguirlo por mucho que lo intentara.

* * *

Lo peor era que mi mejor amigo tampoco dejaba de recordarme lo neurótico que yo estaba. Y también insistía en la necesidad de que yo cambiara.

Y también con él estaba yo de acuerdo, y no podía sentirme ofendido con él. De manera que me sentía impotente y como atrapado.

* * *

52

Pero un día me dijo: "No cambies. Sigue siendo tal como eres. En realidad no importa que cambies o dejes de cambiar. Yo te quiero tal como eres y no puedo dejar de quererte."

Aquellas palabras sonaron en mis oídos como música: "No cambies. No cambies. No cambies… Te quiero…"

Entonces me tranquilicé. Y me sentí vivo.
Y, ¡oh maravilla!, cambié.

Ahora sé que en realidad no podía cambiar hasta encontrar a alguien que me quisiera, prescindiendo de que cambiara o dejara de cambiar.

¿Es así como Tú me quieres, Dios mío?

• Haz una lista con cualidades que tienes, y otra con las que te gustaría adquirir.

• Responde:

¿Te preocupas al hacer algo erróneo, al desilusionar a los otros? ¿Temes ser reprendido o reprobado? ¿Eres consciente de cuánto te esfuerzas para vivir de acuerdo con las expectativas de los otros?

Drogas

Toma conciencia de que hay millares de personas que son verdaderamente felices sin las cosas o personas que tú tan ardientemente deseas.

La aprobación, el éxito, la alabanza, la valoración, son las drogas con las que nos ha hecho drogadictos la sociedad y, al no tenerlas siempre, el sufrimiento es terrible. Lo importante es desengancharse, despertando, para ver que todo ha sido una ilusión. La única solución es dejar la droga, pero tendrás los síntomas de la abstinencia. ¿Cómo vivir sin algo que era para ti tan especial? ¿Cómo pasarte sin el aplauso y la aceptación? Es un proceso de sustracción, de desprenderte de esas mentiras. Arrancar esto es como arrancarte de las garras de la sociedad.

Rebeldes domesticados

Los deberes *del sistema pueden apartar a una persona de su propia gracia, belleza y amor.*

 ra un tipo difícil. Pensaba y actuaba de distinto modo que el resto de nosotros. Todo lo cuestionaba. ¿Era un rebelde, o un profeta, o un psicópata, o un héroe? "¿Quién puede establecer la diferencia?", nos decíamos. "Y en último término, ¿a quién le importa?"

De manera que lo *socializamos*. Le enseñamos a ser *sensible* a la opinión pública y a los sentimientos de los demás. Conseguimos conformarlo. Hicimos de él una persona con la que se convivía a gusto, perfectamente *adaptada*. En realidad, lo que hicimos fue enseñarle a vivir de acuerdo con nuestras expectativas. Lo habíamos hecho manejable y dócil.

Le dijimos que había aprendido a controlarse a sí mismo y lo felicitamos por haberlo conseguido. Y él mismo empezó a felicitarse también por ello. No podía ver que éramos *nosotros* quienes lo habíamos conquistado a él.

Una sociedad que domestica a sus rebeldes ha conquistado su paz, pero ha perdido su futuro.

Despojarse de ilusiones

Dile a cada una de esas cosas o personas deseadas: "Quiero sinceramente ser feliz sin ustedes, porque ustedes no son mi felicidad."

Lo importante es despojarse de ilusiones y emociones que no tienen cabida porque no son reales. Ilusionándose, uno no alcanza la libertad ni la mística. Dice Sócrates: "La vida no conocida no vale la pena vivirla." Hay que disfrutar de las cosas, conocerlas y elegir lo constructivo. Hay que disfrutar de todo, pero sin apegarse a nada.

Cuando te desapegues, verás cómo disfrutas mucho más de todo, pues serás mucho más libre para recrearte con cada cosa sin quedar fijado a ninguna.

Renuncias

No puedes permitirte vivir con falsas identificaciones; admite que ellas no son más que preferencias personales.

Si renuncias voluntariamente a algo, creyendo que es un valor y que has hecho un sacrificio con ello, siempre te vanagloriarás de lo que has hecho y pedirás aprobación y admiración a los demás. Pero si antes despiertas y comprendes que en esa renuncia tuya no hay nada de valor, que lo que has hecho es buscarte a ti mismo, ¿cómo te vas a vanagloriar de renunciar a algo que no servía para nada? Al contrario, te sentirás bien por haberte liberado de algo que te impedía ser más tú mismo.

Pero además, entonces, comprenderás con humildad a aquellos que aún se sienten apegados a lo que tú ya has renunciado por estar despierto.

Cambiar

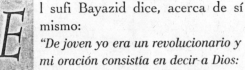

*Todo el mundo
piensa
en cambiar
a la humanidad.
Casi nadie
piensa
en cambiarse
a sí mismo.*

*E*l sufi Bayazid dice, acerca de sí
mismo:
*"De joven yo era un revolucionario y
mi oración consistía en decir a Dios:
'Señor, dame fuerzas para cambiar
el mundo.'
A medida que fui haciéndome adulto y
caí en la cuenta de que me había
pasado media vida sin haber logrado cambiar
a una sola alma, transformé mi oración y
comencé a decir: 'Señor, dame la gracia
de transformar a cuantos entran en
contacto conmigo. Aunque sólo sea a mi
familia y a mis amigos. Con eso
me doy por satisfecho.'*

*Ahora, que soy un viejo y tengo los días
contados, he empezado a comprender
cuán necio he sido. Mi única oración
es la siguiente: 'Señor, dame la gracia de
cambiarme a mí mismo.' Si yo hubiera orado
de este modo desde el principio, no habría
malgastado mi vida."*

Objetivos

Hay un proverbio oriental que dice:

"Cuando el arquero dispara gratuitamente, tiene con él toda su habilidad. Cuando dispara esperando ganar una hebilla de bronce, ya está algo nervioso. Cuando dispara para ganar una medalla de oro, se vuelve loco pensando en el premio y pierde la mitad de su habilidad, pues ya no ve un blanco, sino dos."

Su habilidad no ha cambiado pero el premio lo divide, pues el deseo de ganar le quita la alegría y el disfrute de disparar. Quedan apegadas allí, en su habilidad, las energías que necesitaría libres para disparar. El deseo del triunfo y el resultado para conseguir el premio se han convertido en enemigos que le roban la visión, la armonía y el goce.

• ¿Cuáles son tus principales objetivos?

• Marca con una cruz aquellos que crees nacidos de tu auténtico yo, que no han sido definidos por tu programación.

Tú eres el artífice

Despertarse
es la única
experiencia
que vale
la pena.

Me acuerdo de un rabino que sirvió fielmente a Dios durante toda su vida. Un día, le dijo a Dios: "Señor, te he adorado con devoción y he obedecido la Ley. He sido un buen judío, pero ahora estoy viejo y necesito ayuda. ¡Señor, déjame ganar la lotería para tener una vejez tranquila!" Y rezó, rezó, rezó… Pasó un mes, y dos, cinco, un año entero, tres años se fueron. Un día el hombre, desesperado, dijo: "¡Dios, decídete!" Y Dios: "¡Decídelo tú! ¿Por qué no compras el billete?"

62

- ¿Te animas a comprar el billete?

Escribe qué actitudes deberías asumir para hacerlo.

Desprogramarse

Lo que subsiste en la mente es filtrado constantemente. ¿Cuáles son los filtros? Mis miedos, deseos, relaciones, creencias, hábitos y condicionamientos.

S i te empeñas en no despertar, nada se puede hacer. "No te puedes empeñar en hacer cantar a un cerdo, pues perderás tu tiempo y el cerdo se irritará." Ya sabes que no hay peor sordo que el que no quiere oír. Si no quieres oír para despertar, seguirás programado, y la gente dormida y programada es la más fácil de controlar por la sociedad.

Te escondes detrás de las fantasías, las ilusiones y también de las miserias de las que te avergüenzas. Nos han programado para ser felices o infelices (según aprieten el botón de la alabanza o de la crítica), y esto es lo que te tiene confundido. Has de darte cuenta de esto, salir de la programación y llamar a cada cosa por su nombre.

Etiquetas

Es mucho más placentero hablar del camino que recorrerlo; o discutir acerca de las propiedades de una medicina que tomarla.

a vida es como una botella de buen vino.

Algunos se contentan con leer la etiqueta.

Otros prefieren probar su contenido.

En cierta ocasión mostró Buda una flor a sus discípulos y les pidió que dijeran algo acerca de ella.

Ellos estuvieron un rato contemplándola en silencio.

Uno pronunció una conferencia filosófica sobre la flor. Otro creó un poema. Otro ideó una parábola. Todos tratando de quedar por encima de los demás.

¡Fabricantes de etiquetas!

Mahakashyap miró la flor, sonrió y no dijo nada. Sólo él la había visto.

¡Si tan sólo pudiera *probar* un pájaro,
una flor,
un árbol,
un rostro humano...!

Pero ¡ay! ¡No tengo tiempo!

Estoy demasiado ocupado en aprender a descifrar etiquetas y en producir las mías propias. Pero ni siquiera una vez he sido capaz de embriagarme con el vino.

Convencerse

Lo del pez que tenía miedo de ahogarse sería la mejor definición del hombre frente a su realidad. Cuando estamos dormidos no tenemos miedo de los sueños, pero sí tenemos miedo de despertar a la realidad, porque supone un cambio. Supongo que preferir el sueño a la realidad es de necios, pero así es.

El poeta Kabir decía: "Me reí mucho al ver que el pez en el agua tenía sed." Ésta es nuestra propia realidad de dormidos. Sólo se despiertan los que desean despertarse. Tratar de convencer a los que no lo entienden es como irritar al cerdo tratando de enseñarle a cantar.

La fuerza del hábito

Toda mínima partícula de sufrimiento, toda emoción negativa pueden llevarte al entendimiento, la claridad, la felicidad y la libertad si sabes cómo usarlas, si te das tiempo para comprender.

Se cuenta de un oso, al que metieron en una jaula de seis metros de largo, que caminaba de un lado a otro, sin parar. Al cabo de un año le quitaron la jaula y el animal seguía recorriendo los mismos seis metros, ida y vuelta, incapaz de ir más allá. Se había acostumbrado. Así, los hombres somos incapaces de salir del espacio de la programación.

Saber cambiar

 *n cierta ocasión le decía Pu Shang
a Confucio: "¿Qué clase de sabio
eres tú, que te atreves a decir que
Yen Hui te supera en honradez,
Tuan Mu Tsu es superior a ti
a la hora de explicar las cosas,
Chung Yu es más valeroso que tú y
Chuan Sun es más elegante que tú?"*

*En su ansia por obtener respuesta, Pu
Shang casi se cae de la tarima en la
que estaban sentados. "Si todo eso es
cierto". añadió, "entonces, ¿por qué
los cuatro son discípulos tuyos?"*

*Confucio respondió: "Quédate donde estás
y te lo diré. Yen Hui sabe cómo ser
honrado, pero no sabe cómo ser flexible.
Tuan Mu Tsu sabe cómo explicar las cosas,
pero no sabe dar un simple 'sí' o un 'no'
por respuesta. Chung Yu sabe cómo ser
valeroso, pero no sabe ser prudente.
Chuan Sun Shih sabe cómo ser elegante,
pero no sabe ser modesto. Por eso los
cuatro están contentos de estudiar conmigo."*

El musulmán Jalal ud-Din Rumi dice:
"Una mano que está siempre abierta o
siempre cerrada es una mano paralizada.
Un pájaro que no puede abrir y cerrar sus
alas jamás volará."

Estupidez

A medida que te observes... dejarás tu existencia mecánica y de marioneta, y llegarás a ser discípulo de Jesucristo.

Había una vez un árabe que viajaba en la noche, y sus esclavos, a la hora del descanso, se encontraron con que no tenían más que 19 estacas para atar a sus 20 camellos. Cuando consultaron al amo, éste les dijo:

—Simulad que claváis una estaca cuando lleguéis al camello número 20 pues, como el camello es un animal tan estúpido, creerá que está atado.

Efectivamente, así lo hicieron, y a la mañana siguiente todos los camellos estaban en su sitio, y el número 20 al lado de lo que se imaginaba una estaca, sin moverse de allí. Al desatarlos para marcharse, todos se pusieron en movimiento menos el número 20, que seguía quieto, sin moverse. Entonces el amo dijo:

—Haced el gesto de desatar la estaca de la cuerda, pues el tonto aún se cree atado.

Así lo hicieron y el camello, entonces, se alzó y se puso a caminar con los demás.

• ¿Piensas que ésta es una buena imagen que puede ilustrar nuestra estupidez humana, cuando estamos programados y no somos capaces de ver por nosotros mismos ni de decidir por nosotros mismos, sino por hábitos, por gestos determinados por la costumbre y por nuestra programación?

• ¿Qué harías para convertirte en un verdadero discípulo de Jesucristo?

Descubre quién eres

Los hábitos sirven para cosas prácticas (capacidad de andar, de hablar un idioma, de conducir un coche...), pero para ver las cosas con profundidad, en el amor y la comunicación, los hábitos son como anestesiar la creatividad, lo nuevo, y no desear vivir el riesgo del presente.

Debemos entender las construcciones de la mente. ¿Qué pasa dentro de nosotros? Imagina un hombre que no poseyese los sentidos de la visión y de la audición. No podría ver ni oír y estaría viviendo en un mundo en el que todas las otras personas serían también ciegas y sordas. ¿En qué tipo de mundo estaría viviendo? ¿Sospechará algún día que los objetos que toca, huele y gusta tienen otra dimensión, la de la visión? ¿Y si tú crecieses despreciando tus cinco sentidos, tomando en cuenta estrictamente la interpretación y los deberes de la autoridad? Sería muy probable que nunca pudieses confiar en tus sentidos, tu buen criterio, tu propio yo, sino que procurarías, durante toda tu vida, la aprobación de las autoridades cuando pensases, hicieses, hablases y sintieses.

En tanto haya un grado de orden relacionado con la obediencia y con las autoridades, habrá un profundo y difuso riesgo por debajo de esa superficial seguridad. El poder crea el miedo, la conformidad y el confinamiento. Los deberes del sistema pueden apartar a una persona de su propia gracia, belleza y amor.

Tú no has sido tú desde la más tierna infancia.

• ¿Te gustaría descubrir quién eres realmente? ¿Cómo lo harías?

• ¿Tendrías coraje suficiente para llegar a ser tú mismo?

La senda estrecha

*Se llega al país
del amor
pasando por
el país
de la muerte.
Tu corazón
te llevará
a un vasto
desierto.
Al comienzo
padecerás
soledad... pero
el desierto
florecerá
a causa
de tu amor...*

n cierta ocasión previno Dios al pueblo de un terremoto que habría de tragarse las aguas de toda la tierra. Y las aguas que reemplazarían a las desaparecidas habrían de enloquecer a todo el mundo.*

Tan sólo el profeta se tomó en serio a Dios. Transportó hasta la cueva de su montaña enormes recipientes de agua, de modo que no hubiera ya de faltarle el líquido elemento en los días de su vida.

Y efectivamente, se produjo el terremoto, desaparecieron las aguas y una nueva agua llenó los arroyos y los lagos y los ríos y los estanques. Algunos meses más tarde, bajó el profeta de su montaña a ver lo que había ocurrido. Y era verdad: todos se habían vuelto locos, lo atacaban y no querían tener nada que ver con él, convencidos de que era él quien estaba loco.

Entonces el profeta tomó su decisión. Tiró el agua que había guardado, bebió del agua nueva y se unió a sus semejantes en su locura.

Cuando buscas la Verdad, vas solo. La senda es demasiado estrecha para llevar compañía. Pero ¿quién puede soportar semejante soledad?

La felicidad
está en el ser

La vida es, en sí, un puro gozo
y tú eres el amor-felicidad,
como sustancia y potencia por desarrollar.

Aprender del sufrimiento

¡Hay tantas cosas en nuestras vidas que no pueden ser cambiadas! Somos impotentes, y, si aprendemos a decir "sí" a esas cosas, llegaremos a la paz. La paz está en el "sí".

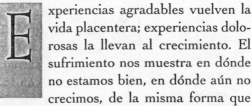

Experiencias agradables vuelven la vida placentera; experiencias dolorosas la llevan al crecimiento. El sufrimiento nos muestra en dónde no estamos bien, en dónde aún no crecimos, de la misma forma que puntos dolorosos son síntomas de dolencias específicas o de regiones corporales sobrecargadas. No desperdicies ningún sufrimiento que te sobrevenga.

Amar el dolor

*No hay
que violentarse
con nada
ni para
mejorarlo
ni para
cambiarlo.
Lo que es, es,
y sólo lo es
por su propia
causa; nada
te puede dañar
si estás
despierto.*

Poco a poco iba quedándose ciego, a pesar de que trató de evitarlo por todos los medios. Y cuando las medicinas ya no surtían efecto, tuvo que combatir con todas sus emociones. Yo mismo necesitaba armarme de valor para decirle: "Te sugiero que aprendas a amar tu ceguera."

Fue una verdadera lucha. Al principio se resistía a trabar contacto con ella, a decirle una sola palabra. Y cuando, al fin, consiguió hablar con su ceguera, sus palabras eran de enfado y amargura. Pero siguió hablando y, poco a poco, las palabras fueron haciéndose palabras de resignación, de tolerancia y de aceptación... hasta que un día, para su sorpresa, se hicieron palabras de simpatía... y de amor. Había llegado el momento en que fue capaz de rodear con su brazo a su ceguera y decirle: "Te amo." Y aquel día lo vi sonreír de nuevo. Y ¡qué sonrisa tan dulce...!

Naturalmente que había perdido la vista para siempre. Pero ¡qué bello se hizo su rostro...! Mucho más bello que antes de que le sobreviniera la ceguera.

Hijo de la vida

Piensa en algún sufrimiento, molestia o preocupación que tuviste. Ahora piensa que, si tuvieses mayor conciencia, no habrías sentido dolor.

Lo que la sociedad te enseñó a atesorar no vale nada. Lo que la historia te legó como honor, patria, deber, etc., no vale nada, porque tienes que vivir libremente el ahora, separado de los recuerdos, que están muertos; sólo está vivo el presente y lo que tú vas descubriendo en él como real. Lo que llamas "yo" no eres tú, ni eres tampoco tu parentela, ni tu padre, ni tu madre, porque eres hijo de la vida. Dondequiera que haya sufrimiento hay identificación con el yo, con una cosa, y en donde hay conflicto es que existe identificación del yo con un problema, con un obstáculo que pone la mente. Esto es matemático. Tomamos de la vida lo no real. Le tenemos mucho miedo a la verdad y preferimos hacer ídolos con la mentira.

Vive el hoy

*Nuestra felicidad
nunca es causada
por una cosa.
La verdadera
felicidad
no tiene causa.*

Un indio, condenado a muerte, se escapa, y como lo persiguen de cerca se sube a un árbol que está colgado sobre un precipicio. Abajo lo esperan sus guardianes. No tiene escapatoria. Pero, de pronto, descubre que el árbol al que se subió es un manzano. Entonces toma su fruto y se pone a saborear las manzanas que están a su alcance. Esto es saber saborear el presente, sin proyectar el pasado en el futuro.

• ¿Sería posible vivir sin angustias ni preocupaciones? Eso sólo lo descubrirás cuando estés despierto y viviendo en presente.

• Volver a vivir un acontecimiento en el que la herida ya no esté abierta, pero subsistan resentimiento, amargura, dolor, remordimiento, sensación de pérdida. Volver a vivirlo. Buscar y encontrar la presencia de Dios en el suceso o imaginar que el Señor participa en él.

• Describe tu experiencia.

Conciencia constante

El hombre que es constantemente consciente, el hombre que está totalmente presente en cada momento: ése es el Maestro.

Ningún alumno zen se atrevería a enseñar a los demás hasta haber vivido con su Maestro al menos durante diez años.

Después de diez años de aprendizaje, Tenno se convirtió en Maestro.
Un día fue a visitar a su Maestro Nan-in. Era un día lluvioso, de modo que Tenno llevaba chanclos de madera y portaba un paraguas.

Cuando Tenno llegó, Nan-in le dijo: "Has dejado tus chanclos y tu paraguas a la entrada, ¿no es así? Pues bien: ¿puedes decirme si has colocado el paraguas a la derecha o a la izquierda de los chanclos?"

Tenno no supo responder y quedó confuso. Se dio cuenta entonces de que no había sido capaz de practicar la Conciencia Constante. De modo que se hizo alumno de Nan-in y estudió otros diez años hasta obtener la Conciencia Constante.

Renacimiento

Percibe que todo es pasajero, insatisfactorio y vacío de "yo". Paradójicamente, ésta es la fórmula secreta para un deleite continuo.

No es la naturaleza la causa del sufrimiento, sino el corazón del hombre, lleno de deseos y de miedos, que le inculca su programación desde la mente. La felicidad no puede depender de los acontecimientos. Es tu reacción ante los acontecimientos lo que te hace sufrir. Naces en este mundo para renacer, para ir descubriéndote como un hombre nuevo y libre.

Revelación

Los hombres buscan muchas cosas y huyen de ellas, y no entienden que tanto lo que buscan afuera como aquello de lo que huyen está adentro.

Cierta vez, en Saint-Louis, un sacerdote se acercó a mí y me dijo que tenía un amigo con sida. Y sostuvo que estaba sucediendo algo extraño con su amigo, que decía: "Comencé a vivir cuando el médico dijo que tenía sida y que la muerte era segura."

¿Puedes creerlo? Me dijo el sacerdote: "Conocí más o menos a treinta personas en la misma situación, y entre doce y quince me dijeron algo similar."

Caminar con el corazón

La desilusión trae una oportunidad gloriosa.

Conozco a un paralítico extraordinario. Me dijo: "Sabe, padre, yo comencé a vivir realmente después de que quedé paralítico. Por primera vez en la vida, tuve tiempo de mirarme a mí mismo, ver mi vida, mis reacciones y pensamientos. Mi vida se hizo mucho más profunda, más rica y mucho más atractiva que antes."

¿No es notable que un paralítico haya encontrado la vida y que tantas personas que caminan libremente de un lado para el otro no la hallen, porque están paralizadas por dentro?

Construir
la paz interior

Meterse en la batalla,
pero con el corazón en paz,
es la única manera de vivir la realidad de la vida.

Deseos

*Taparse
los oídos con los
pulgares.
Taparse los ojos
con las manos.
Escuchar
el sonido de la
respiración.
Después de diez
respiraciones,
descansar las
manos sobre
el regazo,
mantener los
ojos cerrados,
escuchar todos
los sonidos
próximos:
el más suave,
el más lejano.*

¿Qué es lo que uno desea de verdad? Siempre estamos deseando cosas, pero, como la sabiduría es descubrir lo que uno no necesita, ¿qué es lo que, en realidad, no necesito de lo mucho que tengo a diario? Busca, como si estuvieses en un gran supermercado, las cosas que no necesitas y ve apartándolas y anotándolas.

Tú no podrás llegar a la paz, si no descubres antes los obstáculos que te impiden llegar a ella. Tú llevas la paz adentro: ¡descúbrela!

Haz también ejercicios de sensibilización, escuchando los ruidos que te rodean y el silencio que hay detrás de ellos para sensibilizarte con lo que está pasando dentro de ti y descubrir tu alrededor con ojos nuevos.

El maestro no es el que guía, sino el que ayuda a que te descubras y descubras, desde ti, la realidad. Él no puede definirla ni explicarla, sino ayudar a sensibilizarte para que puedas percibirla por ti mismo.

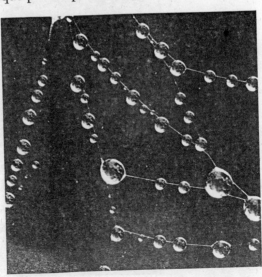

Opción

*Atracción
y repulsión,
el apoderarse
y el resistir
a macular
la mente,
a lo que
corrompe
el corazón.
"Benditos sean
los puros
de corazón,
pues
encontrarán
a Dios."*

El místico es el revolucionario por excelencia. No hace nada, porque todo se hace a través de él mismo. Se deja llevar por una fuerza que ni siquiera puede resistir: la fuerza de la verdad. Ha habido místicos violentos, pero allí no se metía su "ego".

Cada uno sabrá lo que debe hacer si está despierto y abierto y sensibilizado a la verdad, como Jesús. No hace falta saber de dónde vino el mal, sino saber el porqué del mal que tienes ahora, de dónde procede.

Una vez que yo esté sensibilizado con las cosas, con las personas y conmigo mismo, no hace falta que me digan lo que es bueno y lo que es malo, porque me será imposible cerrar los ojos a la realidad, y por ello no podré optar por el mal.

Construir la paz

Para los
místicos,
el fondo
de la vida
(la realidad)
es un campo
maravilloso,
inagotable,
de luz, de amor,
de paz
y felicidad.
¿Cómo explicar
esto?

abía dos monjes que vivieron juntos durante cuarenta años y nunca discutieron. Ni siquiera una vez.

Un día, uno le dijo al otro: "¿A usted no le parece que es hora de que discutamos por lo menos una vez?"

El otro monje dijo: "¡Está bien, comencemos! ¿Sobre qué discutiremos?"

"¿Que le parece este pan?", respondió el primer monje.

"Está bien, vamos a discutir sobre el pan. ¿Cómo haremos?", preguntó el otro monje.

Contestó el primero: "Ese pan es mío, me pertenece."

El otro replicó: "Si es así, tómelo."

• Reflexiona en torno a esta idea:

En la violencia del místico no entra nada personal. No hay en él violencia que venga del miedo, ni del desprecio, ni de exigencia alguna. Puede violentarse con el otro para defenderse del mal que el otro produce, pero lo hará sin emociones, aunque estará lleno de amor.

• Piensa de dónde proviene tu violencia.

• Escribe lo que esta reflexión te sugiere.

Perdonar, aceptar, responder

Cuando una persona no tiene antipatías ni apegos, su amor renace, crece. Conocerá entonces el amor. De otra manera, estará solamente ocupada con algunas imágenes en su mente. Ningún apego, ninguna aversión, sólo amor; percibe y aceptarás de corazón lo que sea.

Cuando amas de verdad a una persona, ese amor despierta el amor a tu alrededor. Te sensibiliza para amar y comienzas a descubrir belleza y amor a tu alrededor.

El enamoramiento, en cambio, es de lo más egoísta. El amor de verdad es un estado de sensibilidad que te capacita para abrirte a todas las personas y a la vida. Y, cuando amas, no hay nada más fácil que perdonar.

Aceptar a las personas que todo el mundo rechaza, y no porque no veas sus fallas, sino precisamente porque las ves como realmente son, de dónde proceden y cómo se parecen a las tuyas, que ya tienes aceptadas.

Aceptas también no tener razón, escuchando las razones de los demás con interés. Y, sobre todo, sabes responder al odio con amor, no porque te esfuerces en ello, sino como milagro de la comprensión del amor verdadero, que ve a la persona tal cual es.

Éstas son las tres señales de estar despierto: perdonar, aceptar y responder ante todo con amor.

Recompensas

Siempre que se ofrece o se busca una recompensa, el amor se hace mercenario.

l santo Joneyed acudió a La Meca vestido de mendigo. Estando allí, vio cómo un barbero afeitaba a un hombre rico.

Al pedirle al barbero que lo afeitara, el barbero dejó inmediatamente al hombre rico y se puso a afeitar a Joneyed. Y al acabar no quiso cobrarle. En realidad, lo que hizo fue dar además a Joneyed una limosna.

Joneyed quedó tan impresionado que decidió dar al barbero todas las limosnas que pudiera recoger aquel día.

Sucedió que un acaudalado peregrino se acercó a Joneyed y le entregó una bolsa de oro. Joneyed se fue aquella tarde a la barbería y ofreció el oro al barbero.

Pero el barbero le gritó: "¿Qué clase de santo eres? ¿No te da vergüenza pretender pagar un servicio hecho con amor?"

A veces se oye decir a la gente: "Señor, he hecho mucho por ti. ¿Qué recompensa me vas a dar?"

❖ ❖ ❖

Una fantasía:

El discípulo clamó al Señor:
"¿Qué clase de Dios eres?
¿No te da vergüenza pretender recompensar
un servicio hecho con amor?"
El Señor sonrió y dijo:
"Yo no recompenso a nadie; lo único
que hago es regocijarme con tu amor."

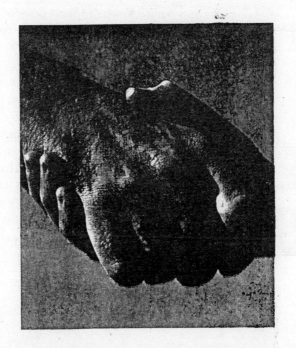

Amigo

*¡Sólo hay
una necesidad!
Esa necesidad
es amar.
Cuando alguien
descubre eso,
es transformado.
Cuando la vida
se vuelve
oración,
cuando
la espiritualidad
se traslada
a nuestros actos.*

*Malik, hijo de Dinar, estaba muy
preocupado por la disoluta conducta
de un libertino joven que vivía
en la casa contigua a la suya.
Durante mucho tiempo no hizo nada
al respecto, en la esperanza
de que hubiera alguien que interviniera.
Pero cuando la conducta del joven se hizo
absolutamente intolerable, Malik se dirigió a
él y le pidió que cambiara su modo de ser.*

*Con toda tranquilidad, el joven informó a Malik
que él era un protegido del Sultán y, por lo
tanto, nadie podía impedirle vivir
como a él se le antojara.*

*Malik le dijo: "Yo, personalmente, me quejaré
al Sultán." Y el joven respondió: "Será
completamente inútil, porque el Sultán
jamás cambiará su opinión acerca de mí."*

*"Entonces le hablaré de ti al Sumo Creador",
replicó Malik. "El Sumo Creador", dijo el joven,
"es demasiado misericordioso como para
reprocharme nada."*

*Malik quedó totalmente desarmado, por lo
que desistió de su intento. Pero al poco tiempo
la reputación del joven se hizo tan mala que
originó la repulsa general. Malik decidió
entonces que debía reprenderlo. Pero, cuando
se dirigía a la casa del joven, oyó una voz
que le decía: "No toques a mi amigo. Está
bajo mi protección." A Malik, esto le produjo
una gran confusión y, cuando se vio en
presencia del joven, no supo qué decirle.*

El joven le preguntó: "¿A qué has venido?"
Respondió Malik: "Venía a reprenderte, pero
cuando me dirigía hacia aquí una Voz me dijo
que no te tocara, porque estás bajo
Su protección."

El rostro del disoluto joven se transformó.
"¿De veras me llamó amigo suyo?", preguntó.
Pero para entonces Malik ya se había
marchado. Años más tarde, Malik se encontró
con él en La Meca. Las palabras de la Voz lo
habían impresionado de tal modo que había
renunciado a todos sus bienes y se había
hecho un mendigo errante. "He venido aquí
en busca de mi Amigo", le dijo a Malik.
Y, dicho esto, murió.

    ¿Dios, amigo de un pecador? Semejante afirmación es tan arriesgada como real. Yo me la apliqué a mí mismo cuando, en cierta ocasión, dije: "Dios es demasiado misericordioso como para reprocharme nada." Y al instante escuché la Buena Noticia por primera vez en mi vida.

Desprenderse

Te despertarás al cuestionarte cada creencia tuya y todas las que te vengan del exterior. Si no te agarras de ningún concepto, cosa o ideología, te será fácil descubrir en seguida dónde están la verdad y la realidad.

Los místicos, cuando ven lo que hay alrededor, descubren una alegría extra fluyendo del corazón de las cosas.

Una sola voz les habla de esa alegría y de ese amor que fluyen en todo lugar. Y aunque tengan dolor, o lo que llamamos sufrimiento, hay una alegría tremenda que nada puede modificar o quitarles. ¿Cómo conseguir eso?

Por la comprensión. Por la liberación de las ilusiones y de las ideas erróneas. Tenemos que desprendernos de ellas, porque es inútil quedarse diciendo a Dios: "¡Dame! ¡Dame!"

El bien

La felicidad es tu esencia, tu estado natural.

El bien existe, es la esencia de la vida. Cuando no sabemos verlo o disfrutarlo, a esa sensación la llamamos "mal", pero en sí el mal no existe, lo que apreciamos es una ofuscación o menor percepción del bien, y a eso lo llamamos "mal"; y nos da miedo, porque estamos hechos para el bien y la felicidad, y el perderlos de vista nos asusta, nos inquieta hasta el sufrimiento cuando no somos capaces de ver la realidad tal cual es.

La *metanoia*

*El mejor examen
de conciencia
que puedes
hacer es
preguntarte:
¿Cómo he vivido
la última hora?*

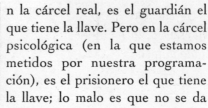

En la cárcel real, es el guardián el que tiene la llave. Pero en la cárcel psicológica (en la que estamos metidos por nuestra programación), es el prisionero el que tiene la llave; lo malo es que no se da cuenta. ¡Ay de ti, si ves esto claro, porque irremediablemente vas a salir de tus prisiones psicológicas y cambiarás para llamar a las cosas, personas y situaciones por su nombre! Entonces ya no hay vuelta atrás. Te va a ser duro, pero más duro es vivir a ciegas, adormilado.

Jesús insiste en la *metanoia*, en vivir la vida bien despiertos, sin perderse nada. El arrepentimiento es morir de verdad al pasado para instalarse en el presente mirándolo con ojos nuevos. El concepto de arrepentimiento, tal como nos lo explicaron, era como una trampa. Si no hubiese arrepentimiento quizá no habría pecado, porque mucha gente peca para arrepentirse. Es un juego psicológico con nosotros mismos en el que buscamos terminar el juego con el arrepentimiento. Es una forma de desahogarse emocionalmente y recibir aceptación, aprobación, con el perdón. Por eso, *metanoia* no quiere decir estar arrepintiéndose una y otra vez, sino despertar a la verdad.

El místico

Buscar lugares de la memoria, del corazón, a los cuales poder retirarse para sentirse en calma y "refrescado". Este "retirarse" proporciona fortaleza para afrontar la situación del momento presente y también para agudizar la percepción.

Para ser místico no necesito estar en un monasterio. Se puede muy bien ser pobre e ignorante de teorías y de leyes y ser místico. Lo que hace falta es estar despierto a la vida. Lo importante es liberarte tú mismo, y eso lo puede hacer tanto un seglar como un monje. Quizá ser un monje, con la dificultad de una comunidad cerrada, donde se originan tantos roces, te da pie para descubrir más claramente tus enfermedades, y para sufrir, sobre todo. Es el sufrimiento lo que ayuda a despertar. El encuentro con la realidad.

El estar despierto y mirar sin engaños no quiere decir que desaparezca tu programación, sino que allí estará; pero la verás claramente, y al apego lo llamarás "apego", y a lo que creías amor lo llamarás "egoísmo". El apego habrá perdido la batalla cuando lo descubras, y ya no tendrá el poder que la inconciencia le daba. Tú mandarás sobre él.

Sensibilidad

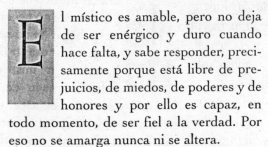

Entiende el motivo real, interior. ¿No es gratificante ver con el corazón y la mente, en vez de ser meramente literal o dejarse llevar por prejuicios?

El místico es amable, pero no deja de ser enérgico y duro cuando hace falta, y sabe responder, precisamente porque está libre de prejuicios, de miedos, de poderes y de honores y por ello es capaz, en todo momento, de ser fiel a la verdad. Por eso no se amarga nunca ni se altera.

Tu acción debe venir de tu sensibilidad, y no de tu ideología.

La capacidad de dar

Qué delicia.
Es maravillosa
la capacidad
de expresar
sentimientos
en forma libre,
sin amarras,
expresar
los sentimientos
a alguien
que entiende.

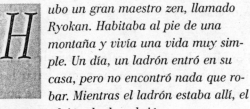

Hubo un gran maestro zen, llamado Ryokan. Habitaba al pie de una montaña y vivía una vida muy simple. Un día, un ladrón entró en su casa, pero no encontró nada que robar. Mientras el ladrón estaba allí, el maestro volvió y lo descubrió.

Dijo Ryokan: "Usted viajó una gran distancia para venir y asaltarme. No puede irse con las manos vacías." ¡Y le dio todas sus ropas y su manta!

El ladrón, completamente confundido, tomó las ropas y desapareció. Después que él salió, el maestro se sentó a la puerta de su casa, miró el deslumbrante claro de luna y pensó: "¡Qué pena! ¡Hubiese querido poder darle esta luna deslumbrante!"

• En su *Práctica de la oración*, el padre De Mello recomienda:

Expresar varios sentimientos y actitudes a través del cuerpo.

Moverse muy delicadamente, como los pétalos de una flor que se abre.

Por ejemplo, para expresar ofrecimiento y entrega: elevar los ojos al cielo; detenerse por un momento; levantar los brazos; dar vuelta las palmas de las manos; juntarlas; detenerse por un momento.

• ¿Qué serías capaz de dar a cada uno de los que te rodean?

Las ideas no son la vida

*Lo que llamas
"tú" no tiene
base, pues tú no
eres nada. Sólo
la realidad existe,
y sólo entrarás
en esa realidad
al liberarte
de tus
programaciones
y meterte
en la noche
oscura del
no saber,
de los
no conceptos.*

ay una historia sobre un soldado norteamericano, en la guerra de Corea. Sentía mucha nostalgia de su casa el día de Acción de Gracias, y una pareja que había pasado muchos años en los Estados Unidos lo invitó a comer.

Cuando el hombre llegó, para su gran sorpresa y alegría notó que había pavo, su plato preferido. Entonces se sirvió generosamente y, luego, en el momento de la comida, comenzó a discutir con su anfitrión. Cuando la discusión terminó, también terminó la comida. El soldado notó que no había aprovechado el comer, que no había siquiera sentido el gusto del pavo.

Eso es lo que yo llamo entrar en el aquí.

Los argumentos son magníficos, las ideas también. ¡Pero las ideas no son la vida! Son excelentes para guiarnos en la vida. Pero no son la vida. Abstracción no es vida. La vida se encuentra en la experiencia. Es como un *menú* que es maravilloso leer. Puedes guiar tu vida por el *menú*, pero el *menú* no es la comida. Y si *gastases* todo el tiempo con el *menú*, nunca comerías nada.

Algunas veces es aun peor: hay personas que se están comiendo el *menú*. Están viviendo de ideas, perdiendo la vida.

La liberación interior

**¿No sería maravilloso
que tú pudieras ser feliz,
se realizasen o no tus deseos?**

Experimentar la alegría

ay una historia de un hombre que, un día, fue hasta su rabino y le dijo: *"¡Rabino, tiene que ayudarme! ¡Mi casa es un infierno! Vivimos en una habitación yo, mi mujer, mis hijos y mis cuñados. ¡Es un infierno! No hay espacio para todos."*

El rabino sonrió y dijo: "Está bien, lo ayudaré, pero tiene que prometerme hacer lo que yo diga."

Y el hombre: "¡Prometo! ¡Prometo de verdad! ¡Es una promesa solemne!"

Dijo el rabino: "¿Cuántos animales tiene?"

El hombre: "Una vaca, una cabra y seis gallinas."

El rabino dijo: "Ponga los animales dentro del cuarto y vuelva dentro de una semana."

El hombre no podía creer lo que oía, pero había prometido. Entonces, volvió a su casa deprimido y llevó los animales dentro de la habitación. A la semana siguiente volvió desconsolado y dijo al rabino: "¡Estoy enloquecido! Voy a acabar con un infarto. Usted debe hacer algo..."

Y el rabino: "Vuelva a casa y saque los animales. Dentro de una semana, venga a verme." El hombre fue corriendo hasta su casa. Y cuando volvió, a la semana siguiente, sus ojos brillaban, y dijo: "Rabino, la casa es una maravilla, ¡tan limpia! ¡Es un paraíso!"

- ¿Has comprendido?

Yo no tenía zapatos y siempre estaba protestando por falta de zapatos, ¡hasta que conocí a una persona que no tenía pies!

- Medita sobre esta idea:

Los mejores cosas de la vida son gratuitas; sólo se aprecian cuando están por perderse.

- ¿Cuáles son las cosas más importantes que posees?

Felicidad

*El amor,
la felicidad,
están dentro
de ti,
eres tú mismo.*

*ay una excelente historia sobre un
hombre que estaba siempre
importunando a Dios con toda clase
de pedidos. Un día, Dios lo miró y le
dijo: "Ya estoy harto; tres pedidos y
no más. Tres peticiones, y después de
darte eso, no te daré más. ¡Di tus tres deseos!"*

*El hombre quedó encantado y preguntó:
"¿Puedo pedir cualquier cosa?"*

Y Dios dijo: "¡Sí! ¡Tres pedidos y nada más!"

*Y el hombre habló: "El Señor sabe, tengo
vergüenza de hablar, pero me gustaría
librarme de mi mujer, porque es una aburrida
y siempre está... el Señor sabe.
¡Es insoportable! No logro vivir con ella.
¿Podrías librarme de ella?"*

*"Está bien", dijo Dios, "tu deseo será
satisfecho." Y la mujer murió.*

*El hombre se sentía culpable por el alivio que
sentía, pero estaba feliz y aliviado, y pensó:
"Voy a casarme con una mujer más atractiva."
Cuando los parientes y amigos fueron al funeral
y comenzaron a rezar por la difunta, el hombre
volvió de pronto en sí y exclamó: "Mi Dios, yo
tenía esta mujer encantadora, y no la apreciaba
cuando estaba viva." Entonces se sintió muy
mal, fue corriendo al encuentro de Dios y le
pidió: "Tráela de vuelta a la vida. Señor."*

*Dios respondió: "Está bien, segundo deseo
concedido."*

Ahora le quedaba sólo un deseo. Pensó: "¿Qué debo pedir?" Y fue a consultar a los amigos. Algunos dijeron: "Pide dinero; si tienes dinero, puedes tener lo que quieras."

Otros: "¿De qué te servirá el dinero si no tienes salud?"

Otro amigo dijo: "De qué te servirá la salud si un día morirás. Pide la inmortalidad."

El pobre hombre ya no sabía qué pedir, porque otros decían: "¿De qué sirve la inmortalidad si no tienes nadie a quien amar? Pide el amor."

Entonces pensó, pensó... y no consiguió llegar a ninguna conclusión; no conseguía saber lo que quería. Cinco, diez años...

Un día le dijo Dios: "¿Cuándo vas a hacer tu tercer pedido?"

Y el pobre hombre dijo: "¡Señor, estoy muy confuso, no sé qué pedir! ¿Podría el Señor decirme qué pedir?"

Dios se rió cuando oyó esto y dijo: "Está bien, te digo lo que debes pedir. Pide ser feliz, no importa lo que te pase. ¡Ahí está el secreto!"

• En su libro *Rompe el ídolo,* Tony de Mello escribe: "La felicidad no está en lo que poseo, sino en lo que soy."

• Haz una lista de las cosas que tú ya no necesitas para ser mejor. Medita sobre cada una de ellas. ¿Realmente ya no tienen importancia en tu vida? ¿Por qué?

Estatura

*Estar despierto
es no dejarte
afectar por nada
ni por nadie.
Y eso es ser libre.*

No existe ningún impulso, en la naturaleza humana, de ser importante, de ser de algún modo más que los otros, o de ser considerado más de lo que los otros son. El deseo de ser popular, exitoso o aun amado es una necesidad creada. El único impulso natural que existe es el de ser libre, de liberarse del oneroso deseo de ser importante, exitoso, popular o amado. Estar libre de la necesidad de ser recompensado, aplaudido, es la libertad digna de nuestra estatura de hijos de Dios.

Eres libre

La muerte de Jesús descubre la realidad en una sociedad que está dormida y, por ello, su muerte es la luz. Es el grito para que despertemos.

N o te dejes engañar por la ilusión: no necesitas de nadie como bastón emocional. En el momento en que tomes conciencia de eso, nadie más tendrá poder sobre ti. Tus altibajos emocionales acabarán. Pasarás a ser dueño de ti en tus relaciones con los demás. No estarás a merced de nadie. Ahora eres libre. Puedes amar. Restauraste tu espiritualidad y tu humanidad.

Liberación

El "yo" no está bien ni mal, no es bello ni feo, ni inteligente ni tonto. El "yo" es, simplemente. Indescriptible como el espíritu.

a realidad es aquello que traspasa todo concepto. Observar cuando sufres y ver todo lo que se presenta en la pantalla de tu conciencia para reconocer lo que la realidad te dice, fuera de todo concepto, y separado de tu sufrimiento. Poco a poco, abrir tu conciencia a las cosas que hasta ahora vivías como hábitos y, por ello, te pasaban inadvertidas. Saber lo que hay detrás de todo concepto y de todo sufrimiento. Ésta es la liberación de la mística.

No renuncies a nada, pero no te apegues a nada. Disfruta de todo lo que te deparen la vida y las personas, pero no retengas nada. Dejar que pasen es disfrutar de todas y renovar a cada instante la felicidad.

Dios no muere el día que dejamos de creer en un ideal personal, pero nosotros morimos el día que nuestras vidas no están iluminadas por una actitud de admiración de la realidad más allá de la razón, con un resplandor constante, renovado cada día. Si no tenemos esto, moriremos.

Un hombre libre

¿Qué es más exacto: "yo me siento bien porque el mundo está bien" o "el mundo está bien porque yo me siento bien"?

En una aldea de pescadores, una muchacha fue madre soltera.

Sus padres le pegaron hasta que confesó quién era el padre: "Es el maestro zen que vive en el templo fuera de la aldea." Sus padres y todos los aldeanos quedaron indignados. Corrieron al templo, después de que el bebé nació, y lo dejaron frente al maestro zen. Y le dijeron:
"¡Hipócrita! ¡Ese niño es suyo! ¡Cuídelo!"
Todo lo que el maestro zen dijo fue: "¡Muy bien! ¡Muy bien!" Y dio el bebé a una de las mujeres de la aldea, encargándose de los gastos.

Después de esto, el maestro perdió la reputación, sus discípulos lo abandonaron, nadie iba a consultarlo; y esto duró algunos meses. Cuando la muchacha vio eso, no pudo aguantar más y finalmente reveló la verdad. El padre del niño no era el maestro, era un muchacho de la vecindad.

Cuando sus padres y toda la aldea supieron esto, volvieron al templo y se postraron delante del maestro. Imploraron su perdón y pidieron que les devolviese el bebé. El maestro devolvió el bebé y todo lo que dijo fue: "¡Muy bien! ¡Muy bien!" Era una persona libre. Una persona capaz de sufrir.

117

• ¿Eres una persona libre? ¿Qué cosas aún te dominan?

Un reino dentro de ti

Si no te agarras a ningún concepto, cosa o ideología, te será fácil descubrir dónde están la verdad y la realidad.

Mira dentro de ti, entiende que existe un generoso reino de felicidad autosuficiente. Tú no lo habías encontrado antes dentro de ti, porque tu atención estaba volcada hacia las cosas en que crees, o hacia tus ilusiones con respecto al mundo.

Percibe qué fascinante es estar sin un solo amigo o consejero con quien contar. Cuando ves la torpeza de los otros para ayudarte, descubres el reino dentro de ti.

La sopa de ganso

En cierta ocasión un pariente visitó a Nasruddin, llevándole como regalo un ganso. Nasruddin cocinó el ave y la compartió con su huésped.

No tardaron en acudir un huésped tras otro, alegando todos ser amigos de un amigo "del hombre que te ha traído el ganso". Naturalmente, todos ellos esperaban obtener comida y alojamiento a cuenta del famoso ganso.

Finalmente, Nasruddin no pudo aguantar más. Un día llegó un extraño a su casa y dijo: "Yo soy un amigo del amigo del pariente tuyo que te regaló un ganso." Y, al igual que los demás, se sentó a la mesa, esperando que le dieran de comer.

Nasruddin puso ante él una escudilla llena de agua caliente.

"¿Qué es esto?", preguntó el otro.

"Esto", dijo Nasruddin, "es la sopa de la sopa del ganso que me regaló mi amigo."

A veces se oye hablar de hombres que se han hecho discípulos de los discípulos de los discípulos de un hombre que ha tenido la experiencia personal de Dios.

El pequeño pez

No tienes que hacer nada... ¡Tienes que comprender!

"*Usted perdone*", *le dijo un pez a otro, "es usted más viejo y con más experiencia que yo y probablemente podrá usted ayudarme. Dígame: ¿dónde puedo encontrar eso que llaman océano? He estado buscándolo por todas partes, sin resultado.*"

"*El océano*", *respondió el viejo pez, "es donde estás ahora mismo.*"

"*¿Esto? Pero si esto no es más que agua. Lo que yo busco es el océano*", *replicó el joven pez, totalmente decepcionado, mientras se marchaba nadando a buscar en otra parte.*

Deja de buscar, pequeño pez. No hay nada que buscar. Sólo tienes que estar tranquilo, abrir tus ojos y *mirar*. No puedes dejar de verlo.

Contemplación

Di: "Yo no soy esto ni aquello. Suceda lo que suceda, no perderé mi verdadero yo."

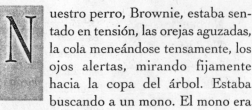

Nuestro perro, Brownie, estaba sentado en tensión, las orejas aguzadas, la cola meneándose tensamente, los ojos alertas, mirando fijamente hacia la copa del árbol. Estaba buscando a un mono. El mono era lo único que en ese momento ocupaba su horizonte consciente. Y, dado que no posee entendimiento, no había un solo pensamiento que viniera a turbar su estado de absoluta absorción: no pensaba en lo que comería aquella noche, ni si en realidad tendría algo que comer, ni en dónde iba a dormir. Brownie era lo más parecido a la contemplación que yo haya visto jamás.

Tal vez tú mismo hayas experimentado algo de esto, por ejemplo cuando te has quedado completamente absorto viendo jugar a un gatito. He aquí una fórmula, tan buena como cualquier otra de las que yo conozco, para la contemplación: Vive totalmente en el presente.

Y un requerimiento absolutamente esencial, por increíble que parezca: Abandona todo pensamiento acerca del futuro y acerca del pasado. Debes abandonar, en realidad, todo pensamiento, toda frase, y hacerte totalmente presente. Y la contemplación se produce.

Mira la danza

Resulta penoso comprobar los denodados esfuerzos de quienes tratan de convertir de nuevo la carne en palabra. Palabras, palabras, palabras...

Los hindúes han creado una encantadora imagen para describir la relación entre Dios y su Creación. Dios "danza" su Creación. Él es su bailarín; su Creación es la danza.

La danza es diferente del bailarín; y, sin embargo, no tiene existencia posible con independencia de Él. No es algo que se pueda encerrar en una caja y llevárselo a casa. En el momento en que el bailarín se detiene, la danza deja de existir.

En su búsqueda de Dios, el hombre piensa demasiado, reflexiona demasiado, habla demasiado. Incluso, cuando contempla esta danza que llamamos Creación, está todo el tiempo pensando, hablando (consigo mismo o con los demás), reflexionando, analizando, filosofando. Palabras, palabras, palabras... Ruido, ruido, ruido...

Guarda silencio y mira la danza. Sencillamente, mira: una estrella, una flor, una hoja marchita, un pájaro, una piedra... Cualquier fragmento de la danza sirve. Mira. Escucha. Huele. Toca. Saborea. Y seguramente no tardarás en verlo a Él, al Bailarín en persona.

La muñeca de sal

*Cada sensación
es creada por la
omnipotencia
de Dios. Siente
el contacto
de Dios en todo
el cuerpo: tosco,
suave,
agradable,
doloroso…*

*U na muñeca de sal recorrió miles
de kilómetros de tierra firme,
hasta que, por fin, llegó al mar.*

*Quedó fascinada por aquella móvil
y extraña masa, totalmente distinta
de cuanto había visto hasta entonces.*

*"¿Quién eres tú?", le preguntó
al mar la muñeca de sal.*

*Con una sonrisa, el mar le respondió:
"Entra y compruébalo tú misma."*

*Y la muñeca se metió en el mar.
Pero, a medida que se adentraba en
él, iba disolviéndose, hasta que
apenas quedó algo de ella.
Antes de que se disolviera el
último pedazo, la muñeca exclamó
asombrada: "¡Ahora ya sé quién soy!"*

El cambio comienza en ti

Cuando Jesús
nació,
los ángeles
cantaron
la paz,
y cuando murió
nos dejó
un regalo:
su paz.

I magina un mundo venidero en el cual nadie tenga el poder de hacer daño. En el que los empresarios no se enfrenten, la competencia no sea a muerte, las mujeres no teman a sus maridos, los hijos y los padres no se amenacen. En el que las personas no alimenten sentimientos de ansiedad, en el que los que viven solos no sientan soledad. En el que los ciudadanos no sean aterrorizados por un gobierno tiránico. En el que nadie tenga miedo a nadie.

¿Sería posible, sin milagros, llegar a vivir así?

• ¿Crees que los cambios que tú experimentas pueden trasladarse a todo el mundo?

• ¿Cómo lo harías? ¿Con qué cambios comenzarías? Escribe la lista de ellos.

Índice

Esta obra, editada en homenaje
al padre Anthony de Mello (1931-1987),
se terminó de imprimir en el mes de mayo de 1999
en el Establecimiento Gráfico **Libris** S.R.L.
Mendoza 1523 - (1824) Lanús Oeste
Buenos Aires - República Argentina
LAUS DEO